20 Mars 1906.

VENTE

des Mardi 20 et Mercredi 21 Mars 1906

Hôtel Drouot, Salle n° 7

vente non inscrite à la gazette

V

TABLEAUX

ANCIENS ET MODERNES

de toutes les Ecoles

DESSINS

Aquarelles, Pastels, Gouaches

MINIATURES

1906

Commissaire-Priseur

Me LAIR-DUBREUIL

Expert :

M. Paul ROBLIN

CATALOGUE

DE

TABLEAUX

Anciens et Modernes

des Ecoles Allemande, Anglaise, Flamande, Française, Hollandaise, des XVIe au XIXe siècles.

DESSINS

AQUARELLES, PASTELS, GOUACHES, MINIATURES

Anciens et Modernes

DONT LA VENTE AUX ENCHÈRES PUBLIQUES AURA LIEU

Hôtel des Commissaires-Priseurs, rue Drouot, N° 9

Salle N° 7

Les Mardi et Mercredi 21 Mars 1906

à deux heures.

Commissaire-Priseur :	Expert :
Mᵉ LAIR-DUBREUIL	M. PAUL ROBLIN
6, Rue de Hanovre, 6	*65, Rue Saint-Lazare.*

EXPOSITION AVANT LA VENTE

CONDITIONS DE LA VENTE

Elle sera faite au comptant.

Les Adjudicataires paieront *dix pour cent* en sus des enchères.

L'Exposition mettant le public a même de se rendre compte de l'état et de la nature des pièces, aucune réclamation ne sera admise une fois l'adjudication prononcée.

Ordre des Vacations

Mardi 20 Mars 1906

Dessins Modernes et Anciens . . . N° 1 à 144

Mercredi 21 Mars 1906

Tableaux Modernes et Anciens . . N° 145 à 230

DÉSIGNATION

GRAVURES

1. **Lavreince** (d'après N.). Le Billet doux. — Qu'en dit l'Abbé. Deux estampes.

2. **Monnet** (d'après). Episodes de la Révolution. Neuf gravures.

3. **Vernet** (d'après Carle). Le Retour des Champs. Gravure en couleur.

DESSINS MODERNES

Aquarelles

4. **Abacrin** (H.). Environs de Saint-Tropez (Var). Aquarelle signée.

5. **Abeillé** (Jack). Loges d'Artistes. Dessin à la plume, signé.

6. **A. L.** Portrait du Général Foy. Crayon noir. Signé A. L. 1828.

7. **Anastasi.** Paysage. Aquarelle. Cachet de l'artiste et datée 5 novembre.

8. **Anonyme.** Etude de femmes. Fusain.

9. **Breslau** (Mlle L.). Jeune femme assise. Pastel Signé des initiales et daté 1889.

10. **Bruneau** (Aurore). Bouquet de fleurs. Aquarelle. Signée.

11. **Brunet** (Jean). Paysanne tricotant. Crayon noir. Signé et daté 1897.

12. **Capy** (Marcel). Un défilé militaire. Plume et aquarelle. Signé avec dédicace.

13. **Checa.** Cavaliers poursuivis. Dessin.

14. **Daubigny** (K.). Paysage avec rivière et château en ruines. Crayon noir rehaussé de gouache. Signé : *Daubigny*.

15. **Delacroix** (Eug.). Feuille d'étude : Tête d'orientaux. Plume.

16. **E. L.** The Bacchanal Famely. Dessin.

17. **Ecole anglaise.** Portrait de jeune femme tenant une fleur. Crayon noir rehaussé d'aquarelle.

18. **Ecole française.** Paysage. Aquarelle.

19. **Ecole française.** Ah s'il y voyait ! Aquarelle.

20. **Ecole de 1830.** Le Maître d'école. Sépia.

21. **Ecole japonaise.** Modèles de lanternes. Deux cadres.

22. **Fortuni** (attribué à). Feuille d'étude. Croquis à la plume.

23. **Géricault** (Th.). Le Pansage, feuille de croquis. Plume.

24. **Gioffroy** (J.). Portrait d'homme, profil à droite. Crayon noir. Signé et daté 1870.

25. **Guillaumet** (G.). Kabyles labourant. Pierre noire. Signé.

26. **Haissereau** (M.-C.). Paysage. Aquarelle. Signée.

27. **Hervier**. Barque de pêche. Dessin.

28. **Hillekamp** (M.). Dunes à Bénodet. Pastel signé.

29. **Hillecamp** (M.). Eglise St-Merri, coin de la rue St-Martin. Aquarelle signée.

30. **Huyter** (John). Amazones. Crayon noir rehaussé de gouache. Signé : John Huyter fecit 1827. May.

31. **Isabey** (J.-B.). Le château de Chadieu, terre de Monsieur le baron de Batz, en Auvergne. Sépia. Le 3 aoust 1813.

32. **Isabey** (J.-B.). Jonction des deux torrents qui forment la cascade de Grésy. Sépia : Le 25 juillet 1814.

33. **Isabey** (J.-B.).Parc de M.le baron de Corvisart, à la Garenne. Sépia. Le 2 septembre 1814.

34. **Isabey** (J.-B.). Vallée de Royat en Auvergne. Sépia. Juillet 1813.

35. **Jackson** (V. de W.). Paysan breton. Dinan, 1860. Lavis d'encre de chine. Signé.

36. **Lafargue** (B.-C.). Paysage. Vaches dans un herbage. Crayon noir. Signé : *B.-C. La Fargue, fec.*

37. **Le Bas** (H.). Singe buvant. Lavis rehaussé de gouache. Signé avec dédicace.

38. **Le Petit** (Alfred). Affiche des Folies-Bergère. Crayon noir. Signé et daté 1886.

39. **Lépine** (S.). Au bord de la route. Crayon noir.

40. **Lépine**. Berger et Bergère. Deux études dans le même cadre. Crayon noir.

41. **Lépine**. En Normandie. Plume. Signé.

42. **Lépine**. Une Ile. Plume. Cachet de la vente.

43. **Lépine**. Vue à Ville d'Avray. Crayon noir.

44. **Lépine**. La Vallée. Plume.

45. **Morse**. La Leçon de clavecin, d'après Metzu. Crayon noir.

46. **Palizzi.** Janissaire couché. Crayon noir rehaussé de blanc.

47. **Pelletier.** La Chaumière. Pastel.

48. **Pézant** (Aym.). La Récolte du Varech. Beau dessin à la pierre noire. Signé.

49. **Pézant** (Aym.). Rochers au bord de la mer. Aquarelle. Signée et datée 85, avec dédicace.

50. **Pézant** (Aym.). Vaches dans un chemin creux. Aquarelle signée.

51. **Pils.** Garde mobile des Côtes-du-Nord. Aquarelle.

52. **Raffet** (Aug.). L'attente : Armée Royale, Chouans. Croquis à la plume.

53. **Raffet** (attribué à Aug.). Grenadier de la Garde. Mine de plomb.

54. **Traviès.** Insurgé de 1848. Mine de plomb. Signé.

55. **Troyon.** Trois chevaux se baignant. Crayon noir rehaussé de pastel sur papier bleu.

56. **Vernet** (Horace). Chien assis. Plume. Signé : *H^ce Vernet.*

57. **Veyrassat** (J.). Baigneuses et femme nue. Trois croquis dans le même cadre. Mine de plomb.

58. **Veyrassat** (J.). Croquis. Trois dessins dans le même cadre. Mine de plomb.

59. **Veyrassat** (J.). Feuille d'étude. Berger, paysans et fillette. Crayon noir.

60. **Veyrassat** (J.). Bords d'Etang. — Retour du Marché. Deux croquis dans le même cadre. Mine de plomb.

61. **Veyrassat** (J.). Promenade à âne, feuille de croquis. Crayon noir.

DESSINS ANCIENS

Gouaches, Pastels, Miniatures

62. **Berghem** (Nic.). Etudes de lévriers. Belle esquisse peinte, sur papier.

63. **Berghem** (Nic.). Femme assise et études de bras. Sanguine.

64. **Béricourt**. Soldats jouant aux cartes. Très fine aquarelle.

65. **Blarenberghe** (Van). Départ pour la chasse au faucon. Gouache. Cadre ancien en bois sculpté et doré de l'époque Louis XIV.

66. **Boilly** (Louis). Groupe de Flûtistes. Crayon noir et estompe.

67. **Borel** (Ant.). L'Aumône. Aquarelle. Signée : *A. Borel, 1793*.

68. **Bosselmann**. Jeune femme en buste. Crayons de couleurs. Signé.

69. **Bouchardon**] (Edme). Décoration pour une porte monumentale. Sanguine.

70. **Boucher** (Fr.). Le Berger. Vigoureux dessin au crayon noir rehaussé de blanc sur papier bleu. Signé à droite sur une borne et daté 1770.

71. **Boucher** (attribué à Fr.). Paysage, animé de figures. Aquarelle.

72 **Boucher** (attribué à Fr.). Le Moulin. Sanguine.

73. **Caresme** (Ph.). Amours et Bacchante. Crayon noir et sanguine. Signé à l'encre *Ph. Caresme.*

74. **Chardin** (genre de J.-B.-S.). Femme assise et cousant. Plume et lavis d'encre de Chine.

75. **Chodowiecki** (Daniel). Portrait d'homme. Crayon noir rehaussé d'aquarelle.

76. **Cochin** le fils (C.-N.). Deux amours. Composition pour en-tête de page. Crayon noir signé : *C.-N. Cochin, le fils, delin. 1756.*

77. **Cochin** le fils (attribué à). L'Eucharistie. Crayon noir et mine de plomb.

78. **Demarne**. Berger et son troupeau passant un gué. Lavis d'encre de Chine rehaussé de gouache, sur papier rose.

79. **Desprès**. Cour intérieure d'un Palais. Plume et lavis d'encre de Chine, signé.

80. **Ecole anglaise**. Scènes conjugales. Deux pendants. Gouaches.

81. **Ecole française du 18e siècle**. Cour de ferme, avec personnages. Aux crayons noir et blanc, sur papier bleu.

82. **Ecole française du 18e siècle**. Paysage animé de figures. Gouache sur parchemin. Cadre ancien en bois sculpté et doré de l'époque Louis XIV.

83. **Ecole française du 18e siècle**. Paysage. Deux pendants. Gouache.

84. **Ecole française du 18e siècle**. Paysage avec pont de bois sur un ruisseau. Lavis d'encre de de Chine. Cachet de collection I. M.

85. **Ecole française du 18e siècle**. Paysan au repos. Belle et vigoureuse aquarelle.

86, **Ecole française du 18e siècle**. Portrait de jeune femme. Pastel.

87. **Ecole française du 18e siècle**. Portrait présumé du baron de Vincent. Pastel ovale. Cadre ancien en bois sculpté.

88. **Ecole française du 18e siècle**. Portrait d'homme. Crayon noir rehaussé de sanguine.

89. **Ecole française**. La Correction maternelle. Dessin à la sépia.

90. **Ecole française**. Collection de 16 sujets gracieux pour boutons. Sanguine.

91. **Ecole française**. Fête de nuit dans un parc. Gouache.

92. **Ecole française**. Les Marionnettes. Pastel.

93. **Ecole francaise**. Paysage avec barques au bord de la mer. Aquarelle.

94. **Ecole française**. Paysage montagneux, avec château au bord d'une rivière. Gouache.

95. **Ecole française**. Portrait en pied du marquis de Basseville. Belle aquarelle rehaussée de gouache.

96. **Ecole francaise**. La Présentation au Temple. Plume et lavis.

97. **Ecole Italienne.** Portrait du Titien. Plume.

98. **Espinay** (Mis d'). Dessin en perspective pour démontrer des manœuvres de troupes légères. Aquarelle. On y a joint la gravure.

99. **Fragonard** (Honoré). Matelot debout tenant un aviron. Etude à la sanguine.

100. **Fragonard** (Honoré). Paysage d'Italie avec pont et temple. Vigoureux dessin très largement traité, au lavis de pinceau.

101. **Greuze** (Ecole de J.-B.). Jeune fille tenant un agneau. Pastel.

102. **Huet** (genre de J.-B.). Têtes de femmes. Deux pendants. Pastels.

103. **Lagrenée.** Vertume et Pomone. Plume et aquarelle. Signé : *Lagrénée 1760.*

104. **Lagneau.** Portrait de Moscovite. Crayons de couleurs.

105. **Lagneau.** Paysanne tenant une corbeille de fruits. Crayons de couleurs.

106. **Lantara.** Paysage animé de figures. Crayon noir rehaussé de gouache sur papier bleu préparé.

107. **La Rue** (L. F. de). Allégories des Saisons. Quatre petits sujets entourés de frises ; sujets d'amour. Plume et lavis.

108. **La Rue** (L. F. de). Le Triomphe de Bacchus. Plume et lavis de sépia. Signé : *L. F. de Larüe.*

109. **Lear** (P. L. D.). Départ pour la chasse au faucon. Plume.

110. **Le Paon.** Soldats assis. Lavis de bistre.

111. **Lépicié** (Bern.). Paysanne assise. Pierre noire, rehaussé de pastel sur papier bleu.

112. **Le Prince** (J.-B.). Etudes de Têtes. Six dessins dans le même cadre. Sanguine et bistre.

113. **Le Prince** (J.-B.). Etudes de Têtes et de Mains. Trois dessins à la sanguine.

114. **Lichery** (Louis). L'Accord des Nations pour le moyen de la paix. Très intéressante composition, signée ; elle a été gravée de la dimension du dessin original pour servir d'encadrement à l'Almanach de 1679. A la pierre noire, lavée de bistre et rehaussée de blanc sur papier brun.

115. **Machy** (de). Intérieur d'un Temple. Plume, lavis de sépia et aquarelle.

116. **Miniature**. La Vierge et l'enfant dans un entourage d'arabesques, de fleurs et d'oiseaux, tiré d'un livre d'heures. Miniature sur parchemin.

117. **Miniature.** Portrait de soubrette en pied. Miniature. Signée *Lawrence*.

118. **Miniature.** Portrait de Mme Vigée-Lebrun. Miniature ovale sur ivoire.

119. **Miniature.** Portrait d'homme époque du 1er Empire. Miniature ronde. Signée *Mlle Ledoux*.

120. **Miniature**. Portrait de jeune fille, en cheveux et robe décolletée. Miniature ronde.

121. **Miniature**. Portrait de femme, coiffée d'un chapeau garni de rubans bleus. Miniature ovale.

122. **Miniature**. Jeune femme à sa toilette. Gouache ovale. Cadre ancien.

123. **Monnet** (attribué à). Sujet allégorique à la Révolution. Dessin.

124. **Moreau le jeune** (genre de J.-M.). Scène familiale. Plume et lavis d'encre de chine. Cadre ancien en bois sculpté et doré de l'époque Louis XIII.

125. **Nicolle** (V.-J.). Intérieur d'église. Aquarelle. Signée.

126. **Nicolle** (genre). Vues d'Italie. Deux pendants. Aquarelles.

127. **Norblin de la Gourdaine.** Berline escortée de troupes. Lavis d'encre de chine.

128. **Ozanne.** Rochers et château-fort au bord de la mer. Plume et lavis d'encre de Chine.

129. **Panini.** Intérieur de temple. Plume et lavis d'encre de chine.

130. **Panini** (genre de). Monument d'Italie. Dessin.

131. **Parizeau** (P.-L.). Deux femmes et un enfant. Femme et fillette assises. Deux pendants. Sanguines. Signées *P.-L. Parizeau, 1786.*

132. **Parrocel** (Joseph). Choc de cavaliers. Vigoureux dessin à la pierre noire rehaussé de blanc, sur papier gris.

133. **Pater** (J.-B.). Femme assise et étude de main. Sanguine. Collection J. D.

134. **Perlin.** Escalier d'un palais avec fontaines et animé de figures. Plume et aquarelle, signé Perlin, 1770.

135. **Pillement** (Jean). Paysages. Deux pendants. Sanguine.

136. **Prieur.** Sujet historique. Plume et lavis d'encre de Chine.

137. **Prieur.** Décoration pour salle de bain. Plume et lavis rehaussé d'aquarelle.

138. **Prudhon** (attribué à P.-P.). La Pensée. Crayons noir et blanc sur papier bleu.

139. **Robert** (Hubert). Homme debout. Sanguine.

140. **Van Orley** (Th.-Bernard). Judas s'abandonne au désespoir. Esquisse peinte sur papier.

141. **Vernet** (d'après J.). Marines. Deux pendants. Pastels.

142. **Watteau** (Ant.). Etudes de soldats et de baigneurs. Sept croquis. A la sanguine.

143. **Watteau** (Ant.). Portrait d'abbé. Crayon noir.

144. **Watteau** (attribué à Ant.). Etude de Mezzetin. Sanguine.

TABLEAUX MODERNES

145. **Adelon** (Mme). Fleurs et fruits. Deux pendants. Toiles ovales.

146. **Beers** (Jan Van). Portrait de femme en costume du XVIe siècle. Ovale signé et daté 1878.

147. **Bichtel**. Deux vaches dans un étang. Toile.

148. **Coit**. Femme et enfant. Bois signé et daté 55.

149. **Couty** (J.). Nature morte : Théière et oiseau mort. Toile, signée et datée 78, avec dédicace.

150. **Corot** (Genre de). Vue panoramique de Paris. Toile.

151. **Decamps** (d'après). Famille de paysans devant une chaumière. Toile.

152. **Diaz** (genre de). Paysage. Bois.

153. **Diaz** (d'après). Femme et Amour. Bois.

154. **Dupré** (genre de). Paysage, bords de rivière.

155. **Duval Le Camus** (attribué à). La Mariée. Toile.

156. **Ecole anglaise.** Vaches à l'abreuvoir.

157. **Ecole française.** Portrait de femme assise. Forme ovale.

158. **Ecole française.** Baigneuses. Bois.

159. **Ecole française.** Moulin à vent au bord de la mer. Toile.

160. **Ecole française.** Portrait de femme en médaillon, entouré de rameaux et de guirlandes de fleurs. Dessus de porte. Toile.

161. **Ecole de 1830.** Tilbury attelé. Toile.

162. **Ecole moderne.** Enfants sous bois.

163. **Ecole moderne.** La Gardeuse de dindons. Bois ovale.

164. **Ecole moderne.** Paysage traversé par une rivière.

165. **Ecole moderne.** Portrait de jeune femme, en robe décolletée. Toile.

166. **Ecole moderne.** St Louis rendant la Justice.

167. **Fort** (Simon). Le Bucheron.

168. **Hillekamp** (M.). Bords du Sauceron à Nesles-la-Vallée. Toile.

169. **Hillekamp** (M.). Ferme à Nesles-la-Vallée. Toile.

170. **Hulk** (J.). Marine. Bois.

171. **Jacquand.** La Sieste du Seigneur.

172. **Johannot** (Alfred). Le Duc d'Orléans visitant les cholériques à l'Hôtel-Dieu. Toile signée à droite.

173. **Lebay** (H.). Paysages. Deux pendants. Toiles ovales signées et datées 1850.

174. **Lecomte** (Charles). Sur une terrasse deux femmes italiennes contemplant la mer. Signé et daté: *Charles Lecomte 1856*.

175. **Masure.** Paysages. Deux pendants.

176. **Riesener** (attribué à). Portrait de femme.

177. **Rozier** (Jules). Charrette dans un chemin creux.

178. **Troyon** (genre de). Chemin sous bois. Toile.

179. **Vernon.** Paysage.

TABLEAUX ANCIENS

180. **Bassan.** Les Vendanges. Bois. Signé et daté 1561.

181. **Boucher** (d'après Fr.). Le Panier mystérieux. Toile.

182. **Boucher** (Ecole de Fr.). Groupe de trois amours. Toile.

183. **Brauwer** (attribué à). Tabagie. Bois.

184. **Clouet** (d'après). Portrait en pied de Henri II. Bois.

185. **Drolling** (attribué à). Portrait d'homme en redingote noire et cravate blanche.

186. **Ecole du XVIe siècle.** Portrait de femme.

187. **Ecole ancienne.** Combat de Cavalerie.

188. **Ecole ancienne.** Méditation de Saint François d'Assise.

189. **Ecole flamande XVIIe siècle.** La fuite en Egypte. Cuivre.

190. **Ecole flamande.** Scène allégorique au Printemps. Cadre en bois sculpté et doré.

191. **Ecole flamande.** Les Buveurs. — La Lecture de la lettre. Deux pendants. Toile.

192. **Ecole flamande.** Enfant endormi. Bois.

193. **Ecole flamande.** Deux chevaux devant une masure. Bois.

194. **Ecole française du 18e siècle.** Portrait d'homme à perruque vêtu d'un habit gris brodé.

195. **Ecole française du 18e siècle.** Portrait de femme Louis XIV. Cadre ancien en bois doré.

196. **Ecole française du 18e siècle.** Portrait de Louis XVI enfant, en riche costume brodé avec le grand cordon du Saint-Esprit.

197. **Ecole française du 18e siècle.** Portrait de femme. Toile ovale.

198. **Ecole française.** Jeune fille accoudée sur une table. Toile ovale.

199. **Ecole française.** Amours jouant avec un bouc. Bois.

200. **Ecole hollandaise.** Buveurs à la porte d'une auberge.

201. **Ecole hollandaise.** Deux barques amarrées au bord d'une rivière. Bois.

202. **Ecole hollandaise.** Taureau et Vache dans un paysage.

203. **Ecole italienne**. Portrait de femme tenant un livre. En haut l'inscription : Sub Halles pontifica VII.

204. **Ecole italienne**. La Vierge et l'Enfant, forme ronde.

205. **Ecole italienne**. Portrait de femme. Toile.

206. **Ecole italienne**. Saint recevant la communion.

207. **Fontenelle** (Eugénie). Portrait d'homme. Dessin rehaussé de blanc. Signé et daté 1789.

208. **Fragonard** (d'après H.). L'Escarpolette. Bois.

209. **Grimoux** (attribué à). Portrait d'homme costumé en pèlerin.

210. **Gresli.** Sujets divers en forme de Trompe-l'Œil. Suite de quatre pièces. Toiles.

211. **Guardi** (attribué à). Gondoles sur le Grand Canal.

212. **Guardi** (Ecole de). Canal à Venise.

213. **Hobbéma** (genre de). Paysage.

214. **Hoin** (genre de C.). Portrait de femme âgée. Toile.

215. **Horemans** (attribué à). Le Nouveau-Né. — Le Goûter. Deux pendants.

216. **Hondekoeter.** Chat, Renard et Pigeons. Toile.

217. **Hue** (H.). Moulin sur un cours d'eau au bord duquel est une femme lavant du linge; un homme aide une autre femme à descendre de cheval et l'embrasse. Signé : G. *H. Hue.* Bois.

218. **Loo** (Attribué à Van). Portrait d'homme vêtu d'un habit rouge, forme ovale.

219. **Mignon.** Nature morte. Radis, groseille et cristaux. Toile signée *Mignon 1674.*

220. **Nattier** (Ecole de). Portrait de Madame Louise de France, fille de Louis XV. Toile.

221. **Oudry** (attribué à J.-B.). Tête de loup. Toile ronde.

222. **Perronnet.** L'Histoire. — La Peinture. Deux grandes compositions pour dessus de porte. Cadres en bois chantournés, toiles, une est signée.

223. **Poelembourg** (attribué à). Diane surprise.

224. **Pourbus** (Ecole de). Portrait de jeune femme, en costume richement orné et avec large collerette de dentelle.

225. **Sustermans** (attribué à). Portrait présumé du Cardinal Carlo de Médicis.

226. **Tiépolo** (Jean-Baptiste). Le Baptême du Christ. Belle et vigoureuse esquisse peinte sur papier et marouflée sur toile. On y a joint la gravure.

227. **Tiépolo** (attribué à). Quatre portraits d'hommes.

228. **Tiépolo** (Ecole de). Le Baptême du Christ.

229. **Tiépolo** (Ecole de Dom). Saint en extase. Esquisse. Toile.

230. **Zurbaran** (attribué à). Saint en prière.

GRANDE IMPRIMERIE DU CENTRE. — HERBIN, MONTLUÇON

www.ingramcontent.com/pod-product-compliance
Ingram Content Group UK Ltd.
Pitfield, Milton Keynes, MK11 3LW, UK
UKHW032028260826
14628UKWH00006B/2799

9 782329 502175